# LE PESSIMISTE,

*OU*

## L'HOMME MÉCONTENT DE TOUT ;

### COMÉDIE

## EN UN ACTE ET EN VERS.

PAR M. LE BRUN.

REPRÉSENTÉE *pour la première fois à Paris,*
*sur le Théâtre du Palais Royal le* 21 *Mars*
1789.

---

Le prix est de 1 liv. 4 sols.

---

## A PARIS,

Chez CAILLEAU, & fils, Libraires-
Imprimeur, rue Gallande, Nº. 64.

---

M. DCC. LXXXIX.

## PERSONNAGES.          ACTEURS.

| PERSONNAGES. | ACTEURS. |
|---|---|
| M. DUPRÉ, Peſſimiſte. | M. le Brun. |
| AMÉLIE, Pupille de M. Dupré. | Mde. St-Clair. |
| VALCOURT, Amant d'Amélie. | M. St-Clair. |
| DUPONT, Intendant de M. Dupré. | M. Duval. |
| Madame DUPONT. | Mde. Prieur. |
| UN FERMIER. | M. Genet. |

La Scène eſt chez M. Dupré.

Nota. Le Rôle de Dupré eſt un premier Rôle.

# LE PESSIMISTE,

## *COMÉDIE.*

## SCENE PREMIERE.

### VALCOURT, AMÉLIE.

#### AMÉLIE.

Quoi! toujours indécis!

#### VALCOURT.

    Eh! mais.... quel parti prendre?

#### AMÉLIE.

Parler à mon tuteur.

#### VALCOURT.

    Il ne veut rien entendre.
Quoi qu'on puisse lui dire, on n'a jamais raison;
Et ma timidité........

#### AMÉLIE.

    Devient hors de saison.
Si mon tuteur est brusque, il est d'un caractère
Excellent.

#### VALCOURT.

   Et pour rien il se met en colère;

Il condamne toujours le sentiment d'autrui.
Pour bien faire, il faudrait que cela vînt de lui.

AMÉLIE.

Il faudrait qu'il vous dît d'une façon civile:
Daignez, mon cher Valcourt, épouser ma pupille.
Elle est jeune, elle est riche, elle vous conviendra.
Vous n'aimez pas encor? non, mais cela viendra.

VALCOURT.

Que vous êtes injuste! . . . . Il connaît ma tendresse;
Mais l'amour lui paraît ou folie ou faiblesse.
Irai-je, en étourdi, heurter ses sentimens?

AMÉLIE, s'en allant.

Si vous pensez ainsi, vous attendrez long-tems.

VALCOURT.

De grace, écoutez-moi. Je peux tout pour vous plaire;
Mais. . . . . . .

AMÉLIE.

Vous avez raison, Monsieur, de n'en rien faire.
Je n'abuserai pas de la docilité
Qui vous exposerait à la sévérité.
Je suis loin d'exiger le moindre sacrifice.
Que l'amour nous sépare, ou bien qu'il nous unisse,
Peu m'importe, après tout.

VALCOURT.

Un hymen assorti. . . . .

AMÉLIE.

Rester fille est, je crois, le plus sage parti.

VALCOURT.

Quel plaisir trouvez-vous à causer mes alarmes?
Pour vous faire adorer, vous faut-il d'autres armes
Que ces traits séduisans qui pénètrent mon cœur,
Ces talens, ces vertus, gages de mon bonheur?
Faut-il jouer encor la froideur, le caprice?
Ah! ce n'est pas à vous d'employer l'artifice.

AMÉLIE, riant.

Je n'en ai pas besoin, je le sais, & sur vous
Je ne veux exercer qu'un empire plus doux.

Vous m'aimez, je le crois, je me plais à le croire.
C'est à vous rendre heureux que je borne ma gloire;
Et j'abjure à jamais tous ces petits détours,
Ce manége honteux des Belles de nos jours.
Quand on a, comme moi, tout ce qu'il faut pour plaire,
On n'a jamais recours à ce moyen vulgaire.
Je sais très-bien cela; mais puis-je hautement
Publier de mon cœur le tendre sentiment?
Dire qu'en vous j'ai mis le bonheur de ma vie,
Et pour vous obtenir, faire quelque folie?
Cela n'est pas dans l'ordre, & c'est à votre ardeur
A parler, à presser, à vaincre mon tuteur.

VALCOURT.

Eh bien, je parlerai, j'en aurai le courage.
Je me sens rassuré.

AMÉLIE

C'est d'un heureux présage.

Plus de faiblesse au moins.

VALCOURT.

Non, je vais de ce pas,
Soutenu par l'amour, mériter vos appas.

---

# SCENE II.

### AMÉLIE, seule.

MON bon ami Valcourt est vraiment bien aimable,
Et l'hymen avec lui peut être supportable.
Il est docile en tout, mes desirs sont ses loix,
Et mon bonheur, un jour, justifiera mon choix.

A iij

## SCENE III.

### DUPONT, AMÉLIE.

#### AMÉLIE.

VOICI notre Intendant. Quel hazard me l'amène ?
Qu'avez-vous, mon ami, vous paraissez en peine ?

#### DUPONT.

Ah ! je souffre en effet ; & l'excès du malheur
Me force d'implorer vos soins, votre faveur.

#### AMÉLIE.

Vous m'effrayez, Dupont, faites-moi donc entendre....

#### DUPONT.

Tôt ou tard à l'amour, Madame, il faut se rendre.

#### AMÉLIE, *à part.*

Oui, je l'éprouve bien.

#### DUPONT.

        J'ai cru me rendre heureux,
Et sans rien consulter, j'ai contracté des nœuds.....

#### AMÉLIE.

Vous êtes marié ?

#### DUPONT.

      Depuis sept ans, Madame.

#### AMÉLIE.

Et nous l'ignorons tous.

#### DUPONT.

      J'ai craint d'ouvrir mon ame
Au Maître que je sers depuis plus de vingt ans.
Je n'en aurais reçu que des refus constans ;
Il aurait condamné mon choix & ma tendresse.
De céder à mon cœur, hélas ! j'eus la faiblesse.

AMÉLIE.

Vous en repentez-vous ?

DUPONT.

Je m'en repentirais ,
Si depuis notre hymen nos deux cœurs satisfaits
Avaient en quelqu'instant de mésintelligence.
Notre amour s'est accru dans l'ombre & le silence.
Le tems, comme l'éclair, s'est écoulé pour nous,
Et le jour qui renaît est toujours le plus doux.

AMÉLIE.

Quels font donc vos chagrins ?

DUPONT.

Je suis dans l'indigence.....
J'ai combattu long tems , cédant à l'espérance
De pouvoir surmonter un destin rigoureux ;
Mais vous seule aujourd'hui pouvez me rendre heureux.
Au moment où je parle , un barbare , peut-être.....
Pardon , de ma douleur je ne suis pas le maître. .....
Peut-être en ce moment je suis exécuté.
Si d'un frivole espoir je ne suis pas flatté ,
Vous daignerez parler...

AMÉLIE.

Il me déchire l'ame.

Oui , je vous le promets.

DUPONT.

Vous me plaignez , Madame !

Voilà bien votre cœur.

AMÉLIE.

Mais vos appointemens....

DUPONT.

N'ont pu fournir qu'à peine à nos besoins urgens,
Et forcé d'emprunter , on me contraint de rendre.

AMÉLIE.

Avez-vous des enfans ?

DUPONT.

Oui, l'amour le plus tendre

A iv

M'a rendu deux fois pére , & c'est là mon malheur.
La mère & les enfans vivent dans la douleur;
Ils vont manquer de tout ; & trop malheureux père ,
Je n'ai plus que des pleurs à porter à leur mère.

AMÉLIE.

Ils seront essuyés , & peut-être aujourd'hui
Votre sort changera. Comptez sur mon appui.
Vous faudrait-il beaucoup ?

DUPONT.

La somme est assez forte,
Pour craindre que Monsieur ne veuille pas.....

AMÉLIE.

N'importe ;

Dites , que vous faut-il ?

DUPONT.

Bien près de huit cens francs.

AMÉLIE, à part.

C'est beaucoup trop pour moi.
( Lui donnant sa bourse. )
Voilà pour vos enfans.
Mon tuteur donnera le reste de la somme.
Il est un peu bouillant ; mais enfin il est homme.
D'un cœur tel que le sien on peut tout obtenir.
Dès-qu'il sera rentré , vous viendrez m'avertir ;
Et s'il me refusait ce léger sacrifice ,
Je trouverais quelqu'un qui vous rendrait service.
( Dupont sort en faisant une profonde révérence. )

# SCENE IV.

## AMÉLIE, seule.

JE ne peux rien pour lui dans ce besoin pressant....
Ah ! je connais enfin tout le prix de l'argent.
Il m'eût été bien doux de lui donner moi-même.....

# SCENE V.

## VALCOURT, DUPRÉ, AMÉLIE.

### DUPRÉ, *en-dedans*.

NON, ne m'en parlez plus. Quelle folie extrême !

### AMÉLIE.

Ah ! voilà mon tuteur.

### DUPRÉ, *entrant*.

Mais quel acharnement !

### AMÉLIE.

Bon jour, Monsieur.

### DUPRÉ, *grondant*.

Bon jour.

### AMÉLIE *sortant, à Valcourt*.

Ce n'est pas le moment.

# SCENE VI.

## VALCOURT, DUPRÉ.

### DUPRÉ.

IL ne s'en ira pas !

### VALCOURT.

Mais, Monsieur....

### DUPRÉ.

Quel martyre !

Il parlera toujours ! Je n'ai rien à vous dire.

VALCOURT.

Quoi, toujours mécontent des hommes & du sort?

DUPRÉ.

Oui, ventrebleu, toujours. En effet, j'ai grand tort!
Je ne peux faire un pas dans les champs, à la Ville,
Qu'un objet, quel qu'il soit, ne m'aigrisse la bile.

VALCOURT.

Mais écoutez du moins......

DUPRÉ.

           Je n'écouterai rien.

VALCOURT.

Je pourrais vous prouver......

DUPRÉ.

           L'existence du bien!
Cessez donc de défendre un absurde systême.
J'interroge mon cœur, c'est mon juge suprême;
Et les plats argumens de la froide raison,
Pour gaguer mon esprit, ne sont plus de saison.
Malgré tous vos efforts, je cède à l'évidence.
Je ne vois en tous lieux qu'erreur, extravagance,
Malignité, fureur, & physique ou moral,
Dans ce triste univers je sens que tout est mal.

VALCOURT.

Moi, je ne conçois rien à l'aveugle manie,
Qui depuis si long-tems tourmente votre vie.
Avec tant de moyens de couler d'heureux jours,
Et vraiment fortuné, vous vous plaignez toujours.

DUPRÉ.

Vous me croyez heureux; mais il faudrait, pour l'être,
De mes justes transports pouvoir me rendre maître,
D'un œil indifférent voir souffrir les humains,
De leurs persécuteurs seconder les desseins :
De tant de parvenus approuver l'impudence,
Avec un cœur d'airain repousser l'indigence,
Et d'erreur en erreur parvenant aux forfaits,
Imiter ces mortels qui n'ont rougi jamais.

Non ; qui peut se livrer à ce désordre insigne,
Du titre d'honnête homme est à jamais indigne.
Sous les traits du méchant dussai-je être abattu,
Je brave le pervers & cède à la vertu.

### VALCOURT.

Mais elle existe donc cette vertu sublime,
A qui vous prodiguez vos vœux & votre estime ?

### DUPRÉ.

Elle existe, Monsieur ; mais son culte est éteint,
Son front défiguré, son langage contraint :
Le vice est triomphant dans le siècle où nous sommes,
Et malgré sa laideur, c'est l'idole des hommes.

### VALCOURT.

Mais quel nouveau sujet excite ce courroux ?
Vous parliez ce matin d'un air tranquille & doux.

### DUPRÉ.

Un incident fatal a r'ouvert ma blessure,
Et je n'ai plus qu'horreur pour toute la nature.
Ecoutez-moi. Je sors pour calmer mes ennuis.
Je marchais au hazard, rêvassant, indécis. . . . .
J'entends des cris perçans, j'approche, j'examine. . . .
Deux enfans presque nuds, leur douceur enfantine,
Leur mère dans les pleurs, rien ne peut désarmer
Un Créancier cruel, qui va les opprimer.
Tout annonçait en lui l'excessive opulence. . . .
Il voyait leur misère avec indifférence ;
Leur état douloureux excitait son mépris. . . . .
Mes pleurs coulaient déjà, mes regards attendris
S'attachaient tour-à tour sur la mère & ses filles.
Je sauverai, disais-je, une de ces familles
Qui tombent tous les jours sous les coups du plus fort,
Et du moins aujourd'hui j'adoucirai mon sort.
La mère me regarde & voit couler mes larmes,
Dans mon sein palpitant vient cacher ses alarmes,
Me montre ses enfans, implore mon secours,
Remet entre mes mains son destin & leurs jours,

Me supplie à genoux de ménager leur père,
Et croit en ce moment voir un Dieu tutélaire.
Vos maux seront, lui dis-je, effacés par ma main;
Jamais les malheureux ne m'implorent en vain;
Je vais payer. Alors ce Créancier barbare
Ose approcher de moi, tend une main avare,
Et reçoit, sans frémir, ce malheureux métal,
Qui tient tout asservi sous son pouvoir fatal.
Vous êtes, me dit-il, dupe de ce manége!
C'est ainsi que ces gueux trouvent qui les protége.
Les propos de cet homme allument mon courroux.
On ne vous doit plus rien, criai-je, éloignez-vous,
Et laissez respirer cette triste victime,
Que votre barbarie entraînait dans l'abîme.
Il sort en me lançant un regard furieux;
Mais quel autre tableau se présente à mes yeux!
La mère est à mes pieds, & sa bouche est muette,
Un coup-d'œil expressif est son seul interprète;
Elle presse mes mains, les porte sur son cœur;
Elle voudrait parler..... Une horrible pâleur
A chassé de son front son ame défaillante....
Je veux la relever.... elle tombe mourante.
Je vais... je viens.... j'appelle, éperdu, plein d'effroi;
Et pour la secourir je ne vois près de moi
Que deux infortunés, qui vont perdre leur mère,
Et sur qui le destin épuise sa colère.....
On accourt à mes cris, & des soins bienfaisans
Lui rendent à la fin l'usage de ses sens,
Et de sauver ses jours me laissent l'espérance.
Pour moi, je me dérobe à sa reconnaissance,
Je m'éloigne à grands pas de ce lit de douleur,
Et reviens me livrer à toute mon humeur.

                    VALCOURT.

Oubliez-la plutôt, Monsieur; votre existence
Est marquée en ce jour par votre bienfaisance.
Si la vie est un mal, on peut ainsi jouir
Du plaisir consolant de savoir l'adoucir.

DUPRÉ.

Si le bonheur n'était un être fantastique,
Il ne ferait, pour moi, qu'une ressource unique
Contre les noirs chagrins qui devorent mon cœur.
Ce ferait des humains d'être le bienfaiteur,
De tarir de leurs maux la source renaissante,
Calmer leur propre rage & la rendre impuissante.
Mais jamais les mortels peuvent-ils être heureux?
On les voit opprimés dès-qu'ils sont vertueux;
Le vice corrompt tout, & l'altière opulence
Ecrase de son poids l'honorable indigence.
En vain l'homme pensant voudrait la secourir,
Tout être infortuné finit par s'avilir.
Je distingue pourtant de la classe commune,
Ceux dont j'ai ce matin corrigé la fortune.
Ils sont vraiment aimés, on m'en a dit du bien,
Et pour les secourir je n'épargnerai rien.
Ils ont des qualités; l'épouse est douce, belle,
Son époux la chérit, & paraît digne d'elle.
Il est, dit-on, placé chez un original,
Qui lui donne très-peu, qui le traite assez mal,
Et qui de ses revers est la première cause.
Cet homme assurément doit valoir peu de chose;
Mais je lui parlerai, je saurai l'attendrir,
De son inaction je le ferai rougir.

VALCOURT.

Si de votre dégoût vous vous rendez le maître,
Vous connaîtrez bientôt tout le prix de votre être.
Vous ne verrez enfin que des cœurs satisfaits
Jouir de votre ouvrage & bénir vos bienfaits.

DUPRÉ.

Peut-être, je serai trompé dans l'apparence.
Serai-je convaincu de leur reconnaissance?
Irai-je en exiger de pénibles combats. . . .

VALCOURT.

Il est toujours flatteur de faire des ingrats.

Dans leur nombre, Monsieur, gardez-vous de comprendre
Celle que vous aimez, une pupille tendre,
Que ton père mourant mit dans votre maison. ......
Dont vos soins, chaque jour, cultivent la raison.

DUPRÉ.

Si dans son jeune cœur j'ai porté la lumière,
D'un père j'ai rempli la volonté dernière.

VALCOURT.

A ses desirs, du moins, vous avez répondu.

DUPRÉ.

Il était mon ami, j'ai fait ce que j'ai dû.
Passons.

VALCOURT.

Mais vous pouvez couronner votre ouvrage.

DUPRÉ.

M'en préserve le Ciel. Ce n'est point à cet âge
Qu'on doit se marier. Parlons net désormais;
Le moment de l'hymen arrive-t-il jamais?
Pour un être pensant ce n'est qu'un esclavage;
N'espérez pas, Monsieur, que ce soit mon ouvrage.
Qui sait combien de tems votre amour durera?
Un instant l'a vu naître, un instant l'éteindra.

VALCOURT.

Il doit être éternel. Jugez mieux de ma flâme,
Et connaissez l'objet qui règne sur mon âme.

DUPRÉ.

Voilà les jeunes gens, ils ne doutent de rien.
L'imagination leur fait tout voir en bien.
Si je n'arrêtais pas votre inexpérience,
Bientôt vous sentiriez toute votre imprudence.
Quel serait, dites-moi, le fruit de votre amour?
Vous auriez des enfans qui maudiraient le jour,
Vous les verriez souffrir; & leur père & leur mère,
Sans pouvoir l'adoucir, pleureraient leur misère.
Eh! les hommes, d'ailleurs, sont leurs propres bourreaux,
De leurs mains, chaque jour, ils creusent leurs tombeaux.

Les femmes & le jeu, le vin, la bonne chère,
D'une façon sensible, abrégent leur carrière.
Par les plus tendres soins on croit s'assurer d'eux,
L'influence du mal les rend plus que douteux.
J'ai toujours observé le plus sage régime,
Je n'ai pas cinquante ans & je suis cacochyme.
L'homme par la douleur, hélas! parvient au port,
Et son plus heureux jour est celui de sa mort.

VALCOURT
Monsieur, si votre père eût suivi ce système,
Aurait-il eu raison ?

DUPRÉ.
    Oui, la prudence même
Aurait dû l'arrêter, & contre vos discours,
En ce moment, Monsieur, j'emprunte son secours.
Comme un fardeau la vie à l'homme fut donnée.
Aux chagrins renaissans elle est abandonnée.
L'espérance du bien l'amuse en son berceau ;
Sans trouver sa chimère il atteint le tombeau.
Soyez de bonne foi, vous conviendrez vous-même
Que le bonheur possible est encore un problême.

VALCOURT.
Non, le mien est certain, si vous y consentez.

DUPRÉ.
Il est dans notre tête.

VALCOURT.
    Ah! du moins permettez
Qu'on pense que l'amour, en dépit de l'envie,
A jetté quelques fleurs sur cette courte vie.

DUPRÉ.
Ces fleurs sont un poison qui trompe les mortels.
Les aveugles qu'ils sont! ils dressent des Autels
Au Dieu qui les abuse ; & sa flâme funeste
Leur ôte en un instant la raison qui leur reste,
Les égare à son gré, trompés par le désir,
Sur les pas du dégoût traine le repentir ;

Et souvent pour combler son injustice extrême,
Aux maux qu'il a causés il insulte lui-même.

VALCOURT.

Pour vous plaire il faut donc renoncer à son cœur ?

DUPRÉ.

Mais..... il faudrait du moins combattre votre ardeur.

VALCOURT.

Vous n'avez point aimé ?

DUPRÉ.

Si parbleu , dont j'enrage.
J'ai payé le tribut à la fougue de l'âge.
Dans les plus tendres vœux mon amour fut trompé ,
Et mon aveuglement soudain fut dissipé.
Si je me suis vaincu , ne pouvez vous de même
Eviter les dangers de ce désordre extrême ?
Lorsque j'aime quelqu'un ce n'est pas à demi ,
Et pour vous marier je suis trop votre ami.

VALCOURT.

Vous n'estimez donc pas cette pupille aimable....

DUPRÉ.

Je n'estime personne.

VALCOURT.

Il est incontestable
Qu'elle a des qualités bien dignes de l'amour
Que je conserverai jusqu'à mon dernier jour.
Et son cœur vertueux.....

DUPRÉ.

Vertueux comme un autre.
Je n'en connais pas un.

VALCOURT.

Quoi , pas même le vôtre ?

DUPRÉ.

Le mien , à chaque instant , excite mon mépris.
Cent défauts opposés en moi sont réunis.
Je les vois ; je les sens , & je ne puis les vaincre ,
Et mon expérience a trop su me convaincre

Que

Que frondant les méchans, Aristarque nouveau,
Je dois me mettre au moins en tête du tableau.

VALCOURT.

Vous m'aimez, dites-vous, & la tendre Amélie....

DUPRÉ.

Je vous aime tous deux; mais c'est une folie.
Je suis certain qu'un jour je m'en repentirai,
Et vous verrez enfin que je vous haïrai.

VALCOURT.

Connaissez mieux nos cœurs.

DUPRÉ.

Ho! finissons de grace.
Si vous parlez encor, je vous cède la place.

VALCOURT.

Je vais me retirer.

DUPRÉ.

Vous me ferez plaisir.
Jusqu'au revoir, Monsieur.

VALCOURT.

Je ne puis vous fléchir?

DUPRÉ.

Non.

VALCOURT.

Je vous laisse.

DUPRÉ.

Adieu.

VALCOURT.

Sa fermeté m'accable.

## SCENE VII.

### DUPRÉ, *seul.*

IL se plaint à présent! quel esprit intraitable!

B

Il n'a pas de soucis, il veut se marier !
Je m'oppose à des nœuds.... Ah ! voilà mon Fermier.

# SCENE VIII.

## UN FERMIER, DUPRÉ.

### DUPRÉ.

Eh bien ! que voulez-vous ?

LE FERMIER.

J'occupe votre Ferme,

DUPRÉ.

Je le sais bien, parbleu.

LE FERMIER.

Je viens payer mon terme,

DUPRÉ.

Allez trouver Dupont.

LE FERMIER.

Monsieur, il est sorti.

DUPRÉ.

Jamais ce coquin là ne peut rester ici.
Vous reviendrez demain.

LE FERMIER.

Ecoutez-moi de grace....

Je le voudrais en vain. J'éprouve une disgrace....

DUPRÉ.

Vous allez m'ennuyer ; vous vous plaignez toujours.

LE FERMIER.

Si vous saviez, Monsieur.....

DUPRÉ.

Abrégeons ces discours.

Qu'avez-vous ? dites-moi ?

LE FERMIER.
                    Monfieur, votre colère…

DUPRÉ.
N'eſt jamais dans mon cœur, mais dans mon caractère;
Expliquez-vous, voyons.

LE FERMIER.
                    Je vais vous affliger.

DUPRÉ.
Cet homme là, je crois, veut me faire enrager.
Parlerez-vous enfin.

LE FERMIER.
                    On rebâtit ma grange.
Mes grains étaient auprès; par un malheur étrange,
La foudre a tout brûlé.

DUPRÉ.
              Quand?

LE FERMIER.
                         Monfieur, cette nuit.

DUPRÉ.
Et tu veux me payer, quand le fort te réduit…
Tu viens pour m'éprouver; voyez l'effronterie.
Si la foudre eût, du moins, brûlé ma métairie….
Je pouvais aiſément fupporter ce malheur.
Ma fortune n'eſt pas le fruit de mon labeur;
Je la dois au hazard, au travaux de mes pères.
Un peu plus, un peu moins ne m'importerait guères,
Et ce malheureux-ci perd un an de travaux.
Remporte ton argent. Des accidens nouveaux,
Avant qu'il ſoit deux jours, le rendront néceſſaire

LE FERMIER.
Mais, Monfieur, je vous dois.

DUPRÉ.
                    Commence par te taire,
Fais ce que je te dis; lorfque tu le pourras,
Je prendrai ton argent & tu t'acquitteras.

                                             B ij

LE FERMIER.

Croyez, Monſieur. . . . .

DUPRÉ.

C'eſt bon.

LE FERMIER.

Que ma reconnaiſſance......

DUPRÉ.

C'eſt bon.

LE FERMIER.

Eſt finie.

DUPRÉ.

Eh ! vas, je t'en diſpenſe.

# SCENE IX.

## DUPRÉ, ſeul.

JE ſens de plus en plus s'accroître mon humeur.
Le chagrin m'environne , & l'on croit au bonheur.

# SCENE X.

## AMÉLIE, DUPRÉ.

### DUPRÉ.

CE nouvel incident m'indigne & me révolte.
Qu'a fait ce malheureux pour perdre ſa récolte ;
Et pourquoi ſuis-je , moi, plus fortuné que lui ?

AMÉLIE.

C'eſt pour le ſecourir.

DUPRÉ.

Qui vous demande ici ?

Je crois votre préfence affez peu néceffaire,
Et je ferai fans vous tout ce qu'il faudra faire.

AMÉLIE.

Vous me parlez d'un ton. . . .

DUPRÉ.

Je ne fuis pas poli.

AMÉLIE.

Vous avez très-grand tort.

DUPRÉ.

Vous le croyez ainfi ?

J'aime affez vos leçons. Il faut donc à mon âge
Des manières du tems faire l'apprentiffage,
A l'homme, que je hais, aller tendre la main,
L'embraffer tendrement en lui perçant le fein,
Sous des dehors mielleux cacher ma perfidie,
M'avilir, pour charmer la cohorte étourdie
D'un tas de freluquets, & me mettre à leur rang,
Le méchant eft poli, l'homme de bien eft franc.

AMÉLIE, *fouriant.*

Monfieur l'homme de bien? . . . .

DUPRÉ.

Enfin j'afpire à l'être.

Si je ne le fuis pas.

AMÉLIE, *fouriant.*

Je mérite, peut-être

Qu'avec moi l'on oublie, on le peut aifément,
Ls fageffe future & l'humeur du moment.

DUPRÉ.

Je n'aime pas du tout que l'on me contrarie,
Et ce n'eft pas l'inftant de la plaifanterie.

AMÉLIE.

Je me garderai bien, Monfieur, de plaifanter.
Quand je veux je raifonne, & je vais débuter.

( *Elle s'affied.* )

Caufons paifiblement.

DUPRÉ.

Parbleu, Mademoifelle. . . .

B iij

AMÉLIE.

Oh ! vous m'écouterez.

DUPRÉ.

Quelle folle cervelle !

AMÉLIE.

Folle ? oui , quelquefois ; selon l'occasion
Je me permets de l'être , & la réflexion
Trop souvent , je le crois, attriste notre vie ;
J'aime mieux l'égayer par un grain de folie.

DUPRÉ.

Le beau raisonnement !

AMÉLIE.

Est-il de votre goût ?

DUPRÉ.

D'un enfant de votre âge on doit excuser tout.

AMÉLIE.

Oh ! vous pouvez blâmer , si cela vous amuse ;
Je n'en rirai pas moins , & l'erreur qui m'abuse
Vaut bien , vous l'avouerez, cette âcre dureté ,
Où se livre sans cesse un homme dégoûté ,
Qui veut tout voir en mal , & qui dans sa manie
Proscrit le genre humain , le hait , le calomnie.
Tous les hommes, je crois, sont diversement fous ,
Et puisqu'il faut opter , j'aime mieux , entre nous ,
M'amuser que gémir. Une folie aimable
A vos brusques chagrins me semble préférable.

DUPRÉ.

Ah ! voici du nouveau. Voyons , beau Précepteur ,
Qu'allez-vous ajouter ?

AMÉLIE.

Tenez, mon cher tuteur ,
Si je croyais qu'un jour vos principes sévères
Opérassent un bien, libre dans vos chimères ,
Vous pourriez à loisir suivre votre penchant ,
Et de votre éloquence attérer le méchant ;
Mais sa conversion étant plus qu'incertaine ,
Vivez pour vos amis , & laissez-lui sa chaîne :

Apprenez comme on rit , chantez , imitez-moi ,
Et du plaifir enfin fuivez la douce loi.

#### DUPRÉ.

Cela ferait charmant !

#### AMÉLIE.

Eh bien ! que vous importe ?
La raifon du befoin eft toujours la plus forte.
Egayez-vous , fortez de votre accablement :
Il n'eft pas de chagrin qui vaille un fentiment.
Vous le faurez bientôt , fi vous voulez me croire.
Combattez avec moi , vous aurez la victoire.
Mettez la honte à part , & facrifiez-nous
Le pitoyable orgueil d'être feul contre tous.

#### DUPRÉ.

Eft-ce fait ?

#### AMÉLIE.

Oui , Monfieur.

#### DUPRÉ.

J'en fuis ma foi bien aife.
Mais vous êtes mordante , au moins ne vous déplaife.
Vous abufez par fois d'un excès de bonté....

#### AMÉLIE, *riant.*

Ah ! ah ! ah !

#### DUPRÉ.

Vous prenez un ton d'autorité....

#### AMÉLIE.

Qui me va tout au mieux.

#### DUPRÉ.

Pourquoi , je vous fupplie ?
Quels titres avez-vous ?

#### AMÉLIE.

Je fuis femme & jolie.

#### DUPRÉ.

Ma foi , tant pis pour vous. Qu'eft-ce que la beauté ?
La fraîcheur du moment. Si l'œil en eft flatté ,

Si le faible se prend à sa funeste amorce ,
Qu'est-ce qui le séduit ? le brillant de l'écorce.
Et je vais vous prouver. . . . .

AMÉLIE.

Monsieur , n'achevez pas.
Un peu de charité. Sur nos faibles appas
Nous avons établi le plus charmant empire ;
Vous êtes trop galant pour vouloir le détruire ;
Oui , vous serez discret. Si vous aimez Valcour,
Vous n'arracherez pas le bandeau de l'amour.

DUPRÉ.

Ah! vous m'allez encor parler de mariage !

AMÉLIE.

Pas du tout. J'ai l'honneur d'entretenir un sage.
Je sais ce que je dois à son opinion ,
Et je veux m'en remettre à la décision.
Je venais simplement vous parler d'une affaire ,
Que vous arrangerez , si vous voulez me plaire.

DUPRÉ.

Une affaire ! . . . ah ! je vois. . . . quelques colifichets.
Je ne m'occupe pas de ces sortes d'objets.

AMÉLIE.

Les femmes, selon vous , font toujours occupées
De ces jolis chiffons , dont on les voit drappées ?
C'est l'avis général de tous les esprits forts ;
Mais , pour nous abaisser , ils font de vains efforts.
Nous avons nos défauts ; mais telles que nous sommes ,
Pour faire des heureux nous valons bien des hommes.

DUPRÉ.

C'est assez bavarder. Tenez, restons-en là.
Je suis las à la fin d'entendre tout cela.

AMÉLIE.

Laissez moi donc finir. Ayez la complaisance
D'écouter jusqu'au bout.

DUPRÉ.

Ah ! quelle patience !

AMÉLIE.
Quoique l'homme soit sot & qu'il ne vaille rien,
Avouez qu'il est beau de lui faire du bien.

DUPRÉ.
Au fait.

AMÉLIE.
De consoler & d'aider son semblable.

DUPRÉ.
Au fait.

AMÉLIE.
Et de lui faire un destin supportable ?

DUPRÉ.
Au fait, au fait, au fait.

AMÉLIE.
Sans sortir de chez vous,
Vous jouïrez, Monsieur, de ce plaisir si doux
Pour un être pensant, pour un homme sensible.

DUPRÉ.
Un indigent chez moi ! cela n'est pas possible.
Mes gens sont tous aisés, & j'y donne mes soins;
Quoiqu'ils me servent mal, je veille à leurs besoins
S'ils se trouvent gênés, c'est à leur inconduite
Qu'il faut l'attribuer.

AMÉLIE.
Vous allez un peu vîte.
Celui, dont je vous parle, a des appointemens
Qui pour sa femme & lui ne sont pas suffisans.

DUPRÉ.
Un mariage encore ! Eh ! quel est l'imbécile
Qui, fatigué du bien, quitte un état tranquille,
Pour prendre des liens de peines & d'ennui ?
C'est sa faute, après tout, & qu'il s'en prenne à lui.

AMÉLIE.
Quoi, vous ne ferez rien, Monsieur ?

DUPRÉ.
Je l'abandonne.
Aller se marier, sans consulter personne,

Sans mon consentement! Ensuite à mes bienfaits
On croit avoir des droits? Ne m'en parlez jamais.

### AMÉLIE.

Je le sens comme vous; il est vraiment coupable.
Mais sa femme, Monsieur?

### DUPRÉ.

Elle est aussi blâmable,
Je crois, que son époux. Elle aurait dû prévoir
Les suites d'une erreur....

### AMÉLIE.

Ah! dans son désespoir
Il vous attendrirait, si vous voyiez ses larmes.

### DUPRÉ.

Oui, l'on connaît mon faible, & l'on s'en fait des armes,
Qu'on tourne....

### AMÉLIE.

Mais, Monsieur....

### DUPRÉ.

Vos soins sont superflus.
Je ne céderai pas, je ne le verrai plus.

### AMÉLIE.

Et vous le dépouillez de ce peu qui lui reste....

### DUPRÉ.

Oui.

### AMÉLIE.

Vous le chassez?

### DUPRÉ.

Oui.

### AMÉLIE.

Dans quel état funeste
Vous allez le réduire! Il peut être arrêté.
Au moment où je parle il est exécuté
Probablement.

DUPRÉ.

Tant pis.

AMÉLIE.

Vous êtes si sensible !

Vous le pardonnerez.

DUPRÉ.

Cela n'est pas possible.

AMÉLIE.

Ce pauvre infortuné sera donc sans appui ?
Quel avenir affreux se prépare pour lui !
Je ne peux presque rien, vous connaissez ma bourse ;
Mais il me reste encore une faible ressource :
Je vendrai ce que j'ai.

DUPRÉ.

Non, je vous le défends.

AMÉLIE

Et je soulagerai ses malheureux enfans.

DUPRÉ.

Il a donc des enfans ?

AMÉLIE.

Qui sont dans la misère.

Doivent-ils expier les fautes de leur père ?

DUPRÉ.

Qu'on les amène ici, je les éleverai.
Ce seront des ingrats encor que je ferai ;
Mais n'importe.

AMÉLIE.

Ah ! Monsieur... mais ce vieux domestique,
Qui par un long service, un zèle presqu'unique,
Mérita vos bontés, l'estimable Dupont
Sortira de chez vous pour entrer en prison !

DUPRÉ.

C'est Dupont ?

AMÉLIE.

Hélas, oui.

DUPRÉ.

Son procédé m'accable.

Je n'aurais jamais cru qu'il se rendît coupable
D'une faute pareille.

AMÉLIE.

Hélas ! qui n'en fait pas ?

Il payera cher la sienne. On l'arrache des bras
D'une épouse qu'il aime ; & la honte & l'outrage ,
Pour un moment d'erreur , deviendront son partage.
Il mourra dans la peine , & son triste destin
Accablera sa femme & hâtera sa fin.

DUPRÉ.

Qu'il reste dans l'hôtel.

AMÉLIE.

Vous payerez donc ses dettes ?

DUPRÉ.

Je ne prétends payer que celles qui sont faites.
S'il s'égarait encor. . . .

AMÉLIE.

Je vous réponds de lui.

DUPRÉ.

Dites-lui , de ma part , qu'à compter d'aujourd'hui.

AMÉLIE.

Ah ! vous êtes charmant !

DUPRÉ.

Je lui double ses gages.

AMÉLIE.

Le bon cœur.

DUPRÉ.

C'est fort bien.

AMÉLIE.

Si contre nos usages

Vous criez un peu haut , on ne peut vous blâmer.
On n'a plus de défauts , quand on se fait aimer.
Ah ! que vous m'êtes cher !

DUPRÉ.

Bon.

AMÉLIE.

Que je vous embrasse.....

Quoi! vous me refusez! Allons, de bonne grace
Recevez le tribut que vous ofire mon cœur,
Et je cours à Dupont annoncer son bonheur.

---

# SCENE XI.

## DUPRÉ, *seul.*

ON peut lui pardonner un peu d'inconséquence.
Elle possède encor les vertus de l'enfance.
Mais avec les humains ce cœur se gâtera ;
L'exemple la séduit, il la pervertira,
Je ne le vois que trop. Ma triste prévoyance
Sur le sort qui l'attend, me fait gémir d'avance.

---

# SCENE XII.

## Madame DUPONT, DUPRÉ.

### DUPRÉ.

QUE me veut-on encor?

Madame DUPONT.

Je viens à vos genoux

Payer de vos bienfaits....

DUPRÉ, *la relève & l'assied.*

Comment vous trouvez vous ?

Madame DUPONT.

Beaucoup mieux à préfent.

DUPRÉ.

Les forces, le courage?

Madame DUPONT.

Vous m'avez tout rendu.

DUPRÉ.

Je ferai davantage;
Je fuis encor peiné de la fcène d'horreur
Que j'ai vu ce matin.

Madame DUPONT.

Ah! pour notre bonheur
Vous avez fait beaucoup.

DUPRÈ.

Non, pas affez, Madame.
Il vous faut des fecours, votre état en réclame.
Je ferai mon devoir.

Madame DUPONT.

Nos cœurs reconnaiffans....

DUPRÉ.

Vous ne me devez rien. Comment vont les enfans?

Madame DUPONT.

Bien.

DUPRÉ.

Je veux élever, protéger leur enfance.
Je veux voir votre époux, le mettre dans l'aifance.
Je veux le confulter & chercher le moyen
Le plus avantageux de lui faire du bien.

Madame DUPONT.

Ah! j'ai connu trop tard votre ame bienfaifante!

DUPRÉ.

Bienfaifante? pas trop.

Madame DUPONT.

Le remords me tourmente.
Je ne mérite pas.... Quand vous me connaîtrez,
Vous punirez mes torts & vous me haïrez.

DUPRÉ.

Quand j'ai payé pour vous dans votre humble retraite,
Je ne m'attendais pas à vous trouver parfaite.
Vous avez vos défauts, j'en suis bien convaincu.
Pour juger autrement, j'ai trop long-tems vécu.
Qui vous dispenserait de la règle commune.
En plaignant vos erreurs, j'aide à votre infortune.
Si vous vous ressentez de la contagion,
Je n'en ferai pas moins une bonne action.
Moi-même, comme vous, j'ai besoin d'indulgence;
J'ai des défauts cruels; & mon expérience
M'a prouvé mille fois, à toute heure, en tous lieux,
Que l'homme le plus sage est le moins vicieux.
Amenez votre époux.

Madame DUPONT.

Aura-t-il le courage
De paraître à vos yeux?

DUPRÉ.

Celui qui le soulage
Peut-il l'intimider?

Madame DUPONT.

Hélas! depuis long-tems
Il vous aime & vous craint.

DUPRÉ.

Qu'il pense à ses enfans,
A leur affreux destin, à celui de leur mère;
Il ne craindra plus rien du sombre caractère
Qui me rend malheureux, qui m'égare souvent.
Son état est celui de mon pauvre intendant.
Dupont a des grands torts; & je les lui pardonne.
Je suis dur quelquefois, mais je ne hais personne.

Madame DUPONT, *avec transport.*

Quoi, vous le pardonnez!

DUPRÉ.

Comment, que dites-vous?

Madame DUPONT.

Cet être infortuné, Dupont est mon époux.

## SCENE XIII & dernière.

LES PRÉCÉDENS , DUPONT conduit par
AMÉLIE ET VALCOURT.

DUPRÉ.

EH ! viens donc, malheureux, viens recevoir ta grace.

DUPONT.

Ah ! je tombe à vos pieds.

DUPRÉ.

Et ton maître t'embrasse.

Tu m'as manqué , Dupont.

DUPONT.

Vous m'en voyez confus.

DUPRÉ.

Vas , je t'ai pardonné , je ne m'en souviens plus.
Mais dis-moi , mon ami , d'où naît la défiance
Qui t'a fait si long-tems observer le silence ?
As-tu craint d'éprouver quelques momens d'humeur ?
Je suis né violent ; mais tu connais mon cœur.
Si j'avais pu prévoir ton état , ta misère ,
Je t'aurais prévenu.

DUPONT.

Vous oubliez , mon père ,
Des torts multipliés ! Le plus cruel de tous ,
C'est de vous avoir craint , d'avoir douté de vous.
Mais quand on commença d'accabler ma Compagne ,
Quand je voulus parler , vous étiez en campagne ,
Et revenu d'hier. . . . .

DUPRÉ.

Quoique je fusse absent ,
Tu devais éviter un éclat indécent ,

Eloigner

Eloigner de chez toi ce Créancier avare,
Te servir de ta caisse ; & payant ce barbare,
Finir, en m'attendant, ce malheureux procès.

### DUPONT.

Ma caisse est un dépôt, je dois mourir auprès.

### DUPRÉ, *à part.*

Et voilà les mortels que l'orgueil humilie !
On cherche leurs défauts, & le reste on l'oublie.
Cet homme me ferait croire à la probité.

### VALCOURT.

Dupont doit triompher de l'incrédulité.
Cœur vertueux & droit, bon père, époux fidèle,
Je ne rougirai pas d'en faire mon modèle.

### DUPRÉ.

Ah ! je vous vois venir. Vous allez m'excéder.
Croyez-vous que des mots puissent me décider ?
Si j'ai tout oublié, si je viens à son aide,
C'est qu'il est marié ; c'est un mal sans remède.

### AMÉLIE.

Il ne s'en repent pas.

### DUPRÉ.

Eh ! vous n'en sçavez rien.

### AMÉLIE.

Lui-même il me l'a dit.

### DUPRÉ.

Mais il vous convient bien
De publier ainsi vos desirs, votre flâme.
Les femmes d'autrefois renfermaient dans leur âme
Leurs sentimens secrets. On les voyait, morbleu,
Faire, pendant trente ans, desirer un aveu.
Les tems sont bien changés, &

### AMÉLIE.

Que voulez-vous dire ?

### DUPRÉ.

Qu'à chaque instant du jour dans vos yeux il peut lire.

C

AMÉLIE.

Je ne crois pas, Monsieur, mériter la leçon.
J'ai pu vous proposer l'exemple de Dupont.
Qui prouve que l'hymen n'est pas toujours à craindre;
Tout est dit. Je suis loin de vouloir vous contraindre
A cimenter des nœuds que vous désapprouvez.
Il n'en sera, Monsieur, que ce que vous voudrez.
Je peux vous immoler mon amour, ma jeunesse.
Je dois ce sacrifice aux soins, à la tendresse
Dont vous m'avez comblée; & je veux désormais
Oublier mon Amant & n'en parler jamais.

DUPRÉ.

Vous ai-je demandé ce cruel sacrifice?

AMÉLIE.

J'y suis déterminée; il faut qu'il s'accomplisse.

DUPRÉ.

Vous me poussez à bout. Quel esprit singulier!
Est-ce pour le plaisir de vous contrarier
Que j'éloigne le jour de votre mariage?
Dans tout ce que je fais, je veux votre avantage;
Votre bien seul m'occupe, & je ne fais de vœux
Que pour votre bonheur.

VALCOURT.

Mais Dupont est heureux.

DUPRÉ.

Vous me citez Dupont, un homme presqu'unique.

VALCOURT.

Le bonheur n'est donc pas un être chimérique.
Et pourquoi, plus que lui, serais-je malheureux?

DUPRÉ.

Pourquoi?... pourquoi?....

(*A Dupont & à sa femme.*)
Répondez-moi tous deux.
Depuis combien de tems êtes-vous en ménage?

Madame DUPONT.

Depuis près de sept ans. Jamais aucun nuage

N'a troublé de nos jours le cours pur & serein.
Quand nous manquions de tout, l'espoir du lendemain
Adoucissait nos maux. Notre seule tendresse
Nous fait depuis long-tems supporter la détresse.
Les cœurs vraiment épris sont toujours courageux.

DUPRÉ.

Vous avez bien souffert.

Madame DUPONT.

Oui, mais nous étions deux.

VALCOURT.

De l'amour fortuné voilà bien le langage.
Nous nous aimons comme eux.

DUPRÉ.

L'exemple m'encourage ;
Mais je crains.....

M. & Madame DUPONT.

Rendez-vous ; couronnez leur amour.

DUPRÉ.

Et leurs cœurs détrompés m'accuseront un jour
D'avoir donné les mains.....

VALCOURT.

Notre tendresse est pure.
Est-ce au sein du bonheur, Monsieur, que l'on murmure ?

DUPRÉ.

Malgré moi je me rends, & je sens que j'ai tort ;
Mais pour vous résister je fais un vain effort.
Allons, mariez-vous, faites-en la folie,
Et puisse votre ardeur n'être point affaiblie
Par les suites du nœud dont je vais vous unir.
De ma facilité n'allez pas me punir.

VALCOURT.

Cœur noble & vraiment bon !

LE PESSIMISTE.
DUPONT.

Mon respectable Maître!

Madame DUPONT.

Ah! nous vous bénissons.

VALCOURT.

Ah! je me sens renaître.

DUPRÉ.

Cessez de caresser ma sotte vanité.
J'ai tout fait pour la triste & faible humanité.

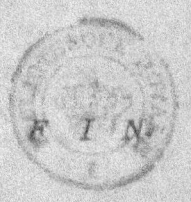

FIN.

|Faute à corriger|

Page 15 , *ligne* 25 , notre tête , *lisez* votre tête.

Lu & approuvé pour la représentation & l'impression.
A Paris, le 16 Janvier 1789.

SUARD.

*Vu l'Approbation , permis de représenter & d'imprimer. A Paris , ce 16 Janvier 1789.*

DECROSNE.

www.ingramcontent.com/pod-product-compliance
Lightning Source LLC
Chambersburg PA
CBHW060858180626
46818CB00004B/1760